Peter Georgi

Zu Platons Dialog Phaidon (Segment 63b-69a)
- zu Sokrates' Apologie, warum der Philosoph gerne bereit ist zu sterben -

Peter Georgi

Zu Platons Dialog Phaidon (Segment 63b-69a)

- zu Sokrates' Apologie, warum der Philosoph gerne bereit ist zu sterben -

Bibliografische Information der Deutschen Nationalbibliothek:
Die Deutsche Nationalbibliothek verzeichnet diese Publikation in
der Deutschen Nationalbibliografie; detaillierte bibliografische
Daten sind im Internet über dnb.dnb.de abrufbar.

Herstellung und Verlag: BoD – Books on Demand, Norderstedt

ISBN: 978-3-7578-6188-9

Inhaltsübersicht

Zum Dialog und vorliegenden Traktat

Der Phaidon ist unter Platons Dialogen von besonderer Bedeutung: sein Hauptanliegen ist ja, die Unsterblichkeit der Seele zu beweisen. ‚Vorspiel‘ zu den entsprechenden ‚Beweisen‘ ist das Thema des Sterbens. Sokrates erklärt im Dialog apologetisch: der in Philosophie sein Leben zubringende Mensch sei gerne bereit zu sterben. Auf diese Apologie wird nun in vorliegender Arbeit (wie es ihr Untertitel anzeigt) eingegangen, wobei insbesondere die Argumentationsstruktur (der Dialog gilt als ‚Platonisches Labyrinth‘) analysiert wird.

§ 1 Einleitung

Die <u>Vorgeschichte</u> zu Sokrates' Apologie (63b-9e) ist kurz gefasst das Folgende (61b-3a): Der Philosoph erstrebt den Tod (wobei zunächst noch nicht gesagt wird, warum). Er darf ihn aber sich selbst nicht geben – was religiös orientiert begründet wird: Der Mensch untersteht nach den (orphisch bzw. pythagoreischen) Geheimlehren den Göttern, die für uns sorgen, und er darf nicht ohne ihren ausdrücklichen Willen das Leben verlassen, d.h. sich ihrer Obhut entziehen.

Gerne sterben und damit die Obhut der Götter verlassen zu wollen, erscheint aber (nicht nur ungehorsam, sondern auch) widersinnig – so Sokrates' Dialogpartner Kebes –, wenn man bedenkt, dass doch die Götter weit besser für einen sorgen als man es selbst kann; und insbesondere muss – so Kebes – dies den mit Verstand ausgezeichneten Menschen widersinnig erscheinen.

In 63b-9e versucht nun Sokrates – um Kebes' Einwand zu begegnen – in einer ausführlichen <u>Apologie</u>[1] darzulegen, was es rechtfertigt und einsichtig macht, das Diesseits und damit die Obhut der Götter, deren Besitz der Mensch ist, verlassen zu wollen – was ja (in begrenzter Sichtweise, wie sich ergeben wird) nur ungehorsam und widersinnig erscheint.

Diese Apologie lässt sich organisch in zwei Abschnitte gliedern, in den kurzen Abschnitt 63b1-c7 und in den langen 63c8-9e5.[2] Der erste stellt eine kleine, i.w. unphilosophische Apologie für sich dar. Der zweite, unterbrochen durch zwei Abschweifungen,[3] möchte darlegen, wie ein Leben, das wahrhaft in der Philosophie zugebracht ist (63e), notwendig dazu führt, den Tod, als die Trennung der Seele vom Körper verstanden, zu begrüßen.

Etwas mehr zum Inhaltlichen der beiden Abschnitte und zu dem, was sie (meines Erachtens) vermitteln möchten:

Zu 63b1-c7: Der gute Mensch hat doch wohl das (genuine) Recht, die Hoffnung bzw. den Glauben zu haben, dass es ihm im Jenseits grundlegend besser geht als im Diesseits (im Sinne einer Belohnung für seine Lebensführung), wobei die Hoffnung ist, zu Göttern (Herren) zu kommen, die bei weitem besser zu ihm sind und für ihn

---

[1] 63b: ἀπολογήσασθαι (zweimal), 63d: ἀπολογία, 63e: λόγον ἀποδοῦναι, 69d: ἀπολογοῦμαι, 69e: ἀπολογία

[2] Für einige Interpreten zählt der Abschnitt 63b1-c7 noch nicht zur Apologie. So beginnt z.B. für Burnet (1911) und Gallop (1975) die Apologie erst mit 63e8, für Rowe (1993) erst mit 64a4.

[3] 63d3-e7: Giftverabreichung, 64a10-c2: Der Spott über die Philosophen.

sorgen als die Götter (Herren) im Diesseits, und analog zu Menschen, die weit besser als die diesseitigen sind.[4]

Zu 63c8-9e5: Der wahrhaft mit der Philosophie sein Leben zubringende Mensch hat die Hoffnung (welche über die eben i.w. volkstümlich-traditionell formulierte Hoffnung hinausgeht), im Jenseits die höchsten Güter (μέγιστα ἀγαθά) zu erlangen (63e-4a). Auch sehnt er sich nach Einsicht (φρόνησις) und hat die Hoffnung, im Jenseits, wenn die Seele vom Körper getrennt ist, die reine, d.h. von der körperhaften Wahrnehmung unverfälschte Einsicht zu finden.[5] Im Diesseits ist Einsicht nur näherungsweise, durch innere Distanzierung vom Körper, erreichbar (65e-6a). Ohne wirkliche Einsicht sind auch die Tugenden nicht wirklich zu erlangen, bleiben sie Scheintugenden.[6] Insbesondere die Tugenden sind wohl mit den μέγιστα ἀγαθά gemeint. Und nur durch die reine Einsicht ist insbesondere das höchste Gute (summum bonum), das Gute an sich,[7] mit anderen Worten das wahrhaft Göttliche zu

---

[4] Vgl. Apologie 40e-1c: Sokrates fragt rhetorisch, ob es ein größeres Gut geben könne als die Reise zu dem Ort, wo alle Verstorbenen sich befinden; er nennt eine Reihe prominenter Hadesresidenten und meint: mit diesen und unzähligen anderen zusammenzusein wäre wohl ein unbeschreibliches Glück.

[5] Zum Sehnen nach Einsicht, 66e: Und dann erst (sc. nach der Trennung der Seele vom Körper), wie es scheint, werden wir das haben, wonach wir streben und von welchem wir behaupten Liebhaber zu sein, die Einsicht (φρόνησις) nämlich.

Zur Verfälschung der Einsicht durch die körperliche Wahrnehmung 66a: Der Körper verwirrt (ταράττειν) nur beim Versuch, das eigentlich Seiende zu 'erjagen', und lässt die Seele nicht Wahrheit und Einsicht (φρόνησις) erwerben, solange sie mit ihm Gemeinschaft hat.
Zur Hoffnung, im Jenseits die reine Einsicht zu finden, 68a-b: Denn ganz stark wird ihm (b3: dem Philosophen, a7-8: dem, der die Einsicht wahrhaft liebt und ganz stark die Hoffnung hat, nirgendwo anders mit ihr nennenswert zusammenzutreffen als im Hades) scheinen, nirgendwo anders die Einsicht rein anzutreffen als dort.

φρόνησις wird primär als nomen actionis und nicht als nomen rei actae verstanden. Dies macht z.B. die Zusammensicht von ἡ τῆς φρονήσεως κτῆσις (65a) mit κτήσασθαι τὸ εἰδέναι (66e) deutlich. "Einsicht" ist also primär im Sinne von Einsehen und nicht im Sinne von Einsicht als Ergebnis des Einsehens gemeint.

[6] 68c-9b. (Ähnlich im Staat, 505a, wo es heißt, dass erst durch die Idee des Guten die gerechten und alle anderen Dinge, welche sie zu Hilfe nehmen, erst brauchbar und nützlich werden. In 505b wird zudem auf den engsten Zusammenhang der Einsicht mit dem Guten hingewiesen, indem dort die These der „Geistreicheren", dass die Einsicht mit dem Guten identisch sei, angeführt wird. Dieselbe These findet sich etwa auch im Laches, 194d, vertreten: Worin einer gut ist, darin ist er weise, worin einer unwissend ist, darin ist er schlecht.)

[7] Man beachte hierzu die folgende Reihung (a) – (d), die im Verlauf des Dialogs ein Fortschreiten vom konkreten zum abstrakten Guten anzeigt:
(a) Ich habe die bestimmte Hoffnung, im Jenseits zu Göttern zu kommen, die δεσπόται πάνυ ἀγαθοί (überaus gute Herren) sind (63c, i.w. ebenso in 63b und 69e).
(b) Ich bin der guten Hoffnung, dass im Jenseits etwas auf den Menschen wartet, und zwar ein πολὺ ἄμεινον für den guten als auch für den schlechten (63c, i.w. ebenso in 72d-e).
(c) Der wahrhaft philosophierende Mensch darf die berechtigte Hoffnung haben, im Jenseits μέγιστα ἀγαθά zu

erlangen.[8] Der nach dem Jenseits strebende Mensch (der im Sinne dieses Strebens sich schon im Diesseits übt, sich von seinem Körper zu distanzieren) will sich zwar, wie es Kebes Sokrates vorwirft, von den diesseitigen Göttern entfernen, tut dies aber nur, um das wahrhaft Göttliche, das keine diesseitige, personale Gestalt hat,[9] zu erreichen.

Die vorliegende Arbeit befasst sich (aus Umfangsgründen) i.w. nur mit 63b1-c7, dem ersten Abschnitt der Apologie. Die Zeilen b1-5 haben nur einleitenden Charakter und sind unproblematisch. Hauptanliegen ist, eine genaue Betrachtung bzw. Explizierung der logischen Struktur der Stelle, die prima facie nicht ohne weiteres ersichtlich ist, vorzunehmen. Die hierzu gemachte Übersetzung unterscheidet sich in

---

erlangen (64a).

(d) Es gibt ein Gutes an sich (75c, so wie es ein δίκαιον αὐτό usw. gibt), das mit keiner Wahrnehmung erfasst werden kann und welchem man umso näher kommt, je mehr man es an sich durch Denken untersucht (σκοπεῖν; 65d-e). Diese wahrhafte (durch Wahrnehmung ungestörte) Erkenntnis des Guten an sich (wie des Schönen an sich usw.) hatte der Mensch notwendig schon vor seiner Geburt, vor der Einkörperung seiner Seele (Anamnesislehre, 72e-7a). Im Jenseits, d.h. nach der völligen Trennung der Seele vom Körper, findet der Mensch also wieder zur wahrhaften Erkenntnis zurück.

[8] These also: Das wahrhaft Gute ist identisch mit dem wahrhaft Göttlichen. Zur These siehe: § 3 Zur Identifizierung Gott = das Gute (Anhang zur Einleitung).

Das zum Komplex μέγιστα ἀγαθά – φρόνησις (σοφία) – summum bonum Dargestellte lässt sich vorzüglich von dem her verstehen, was im Staat, 503e-5e, von den μέγιστα μαθήματα, dem μέγιστον μάθημα und der Seele gesagt ist: Die μέγιστα μαθήματα sind die Tugenden Gerechtigkeit, Besonnenheit, Tapferkeit und Weisheit (504a, d), das μέγιστον μάθημα ist die Idee des Guten (505a), und die Seele (mit ihrem Erkenntnisvermögen) strebt nach dem Guten und um seinetwegen unternimmt sie alles (505e).
Wenn es nun die μέγιστα μαθήματα und das μέγιστον μάθημα, die Idee des Guten, gibt, so gibt es wohl nicht nur die μέγιστα ἀγαθά, sondern auch das μέγιστον ἀγαθόν, das höchste Gute, die Idee des Guten. Und wegen μέγιστον μάθημα = μέγιστον ἀγαθόν ist wohl die Gleichsetzung μέγιστα ἀγαθά = μέγιστα μαθήματα erlaubt.

[9] Gegen die Anthropomorphisierung des Göttlichen, zu welcher das Diesseits verleitet, wie die Mythen über die Götter zeigen, polemisiert ja schon Xenophanes; siehe Diels/Kranz 21 B 11, 12, 14, 15, 16, 23.
Anmerkung: Im Fragment B 11 heißt es: „Homer und Hesiod haben die Götter mit allem belastet, was bei Menschen übelgenommen und getadelt wird: stehlen und ehebrechen und einander betrügen." Und in B 12: „Sie haben soviel Missetaten der Götter aufgezählt als möglich: stehlen und ehebrechen und einander betrügen." Das von den Göttern erzählte menschlich-schlechte Verhalten thematisiert Platon im zweiten Buch des Staates. Dort lässt er dafür plädieren, im Rahmen der Kindererziehung die Götterkunde (379a: θεολογία) der Dichter, wobei auch er namentlich Homer und Hesiod anführt, hinsichtlich der erzählten Untaten der Götter zu zensieren. Im Grunde aber wendet sich Platon wohl dagegen, das Göttliche menschenartig zu sehen, weil dies das Göttliche schlecht machen oder möglicherweise (in vielleicht noch nicht erkennbarer Weise) schlecht machen würde, für ihn aber Göttliches immer auch gut ist (da das Göttliche und das Gute nach seiner Bestimmung beider Begriffe identisch sind).

einigen Punkten von den mir bekannten Übersetzungen (siehe Literaturverzeichnis).[10]

§ 2 Das Dialogsegment 63b1-c7

§ 2.1 Text und Übersetzung des Segments

Der griechische Text ist der von Burnet (1911) edierte, auch wenn bei der Übersetzung bzw. Interpretation seiner Interpunktion teilweise nicht gefolgt wird.

(0) Δίκαια, ἔφη, λέγετε· οἶμαι γὰρ ὑμᾶς λέγειν ὅτι χρή με πρὸς ταῦτα ἀπολογήσασθαι ὥσπερ ἐν δικαστηρίῳ.
Πάνυ μὲν οὖν, ἔφη ὁ Σιμμίας.
Φέρε δή, ἦ δ᾽ ὅς, πειραθῶ πιθανώτερον πρὸς ὑμᾶς ἀπολογήσασθαι ἢ πρὸς τοὺς δικαστάς. ἐγὼ γὰρ, ἔφη, ὦ Σιμμία τε καὶ Κέβης,
(1a) εἰ μὲν μὴ ᾤμην ἥξειν πρῶτον μὲν παρὰ θεοὺς ἄλλους σοφούς τε καὶ ἀγαθούς, ἔπειτα καὶ παρ᾽ ἀνθρώπους τετελευτηκότας ἀμείνους τῶν ἐνθάδε,
(1b) ἠδίκουν ἂν οὐκ ἀγανακτῶν τῷ θανάτῳ·
(2a) νῦν δὲ εὖ ἴστε ὅτι παρ᾽ ἄνδρας τε ἐλπίζω ἀφίξεσθαι ἀγαθούς – καὶ τοῦτο μὲν οὐκ ἂν πάνυ διισχυρισαίμην – ὅτι μέντοι παρὰ θεοὺς δεσπότας πάνυ ἀγαθοὺς ἥξειν, εὖ ἴστε ὅτι εἴπερ τι ἄλλο τῶν τοιούτων διισχυρισαίμην ἂν καὶ τοῦτο.
(2b) ὥστε διὰ ταῦτα οὐχ ὁμοίως ἀγανακτῶ,
(2c) ......
(2d) ἀλλ᾽ εὐελπίς εἰμι εἶναί τι τοῖς τετελευτηκόσι καί, ὥσπερ γε καὶ πάλαι λέγεται, πολὺ ἄμεινον τοῖς ἀγαθοῖς ἢ κακοῖς.[11]

(0) Ihr habt recht, *sprach er (sc. Sokrates)*. Ich glaube nämlich, ihr meint, dass ich mich diesbezüglich zu verteidigen habe wie vor Gericht.
Allerdings, *sagte Simmias*.

---

[10] Diese Punkte betreffen in § 2.1 die Abschnitte (2a), (2b) und (2d).

[11] Auf die Einteilung (1a) – (2d) wird in § 2.2 und in § 2.4 Bezug genommen. Mit „(2c) ......" ist eine Ergänzung, die in der nachstehenden Übersetzung ausgeführt wird, angedeutet. In der Übersetzung sind mit <Text> (kommentierende) Ergänzungen gekennzeichnet.

Wohlan, *sprach er*, ich will versuchen, mich euch gegenüber überzeugender zu verteidigen als gegenüber meinen Richtern. Denn, *sprach er*, Simmias und Kebes,

(1a) wenn ich nicht glauben würde, erstlich zu anderen weisen und guten Göttern zu kommen, ferner auch zu verstorbenen Menschen, die besser sind als die hier,

(1b) würde ich unrecht tun, nicht unwillig zu sein über den Tod.

(2a) Nun aber wisset, dass ich hoffe, zu guten Menschen zu kommen, <dass> aber/ jedoch diese Ansicht ich nicht ganz mit Überzeugung vertreten möchte, vor allem <wisset> dass <ich hoffe> zu Göttern zu kommen, die überaus gute Herren sind. Wisset, dass wenn eine von diesen Ansichten, dann doch letztgenannte ich mit Überzeugung vertreten möchte,

(2b) sodass ich deswegen nicht in gleicher Weise unwillig bin <über den Tod>

(2c) <in welcher ich unwillig über ihn wäre, wenn ich dies nicht hoffen bzw. glauben würde>.

(2d) Vielmehr bin ich der Hoffnung, es gebe etwas für die Verstorbenen, und zwar, wie ja schon lange gesagt wird, etwas viel Besseres für die Guten als für die Schlechten.

§ 2.2 Anmerkungen zu Text und Übersetzung

Im Folgenden steht

A   für   „Ich glaube/hoffe, im Jenseits zu besseren Göttern und auch Menschen zu kommen."

B   für   „Ich tue recht, nicht unwillig zu sein über den Tod."

C   für   „In gleicher Weise (sc. zurecht) ich bin unwillig über den Tod."

D   für   „Ich bin der Hoffnung, im Jenseits gibt es ein viel Besseres für die Guten als für die Schlechten."

Zunächst zur <u>Übersicht über die logische Struktur</u> der Stelle, auf die vor allem in § 2.4 eingegangen wird, die folgenden Punkte:

- Das Gefüge (1a)-(1b) beinhaltet $\neg A \to \neg B$.
  Dies versteht sich ohne weitere Erklärung.
- Das Gefüge (2a)-(2b) beinhaltet $A \to \neg C$ bzw. $A \to B$, da $\neg C \approx B$ ist.
- Mit $A \to B$ und $\neg A \to \neg B$ gilt: $A \leftrightarrow B$.
- Das Gefüge (2a)-(2b) beinhaltet den Schluss $A, A \to B \Rightarrow B$.
- D, in (2d) enthalten, geht wohl als Erwartung an das Jenseits über A hinaus und gehört <u>nicht</u> zur Folgerung aus A (wie es Texteditionen nahelegen, alleine $\neg C$

bzw. B ist Folgerung aus A.[12]

Näheres zu diesen Punkten unten bei den Anmerkungen zu (2b) und (2d) und in § 2.4.

Zu (2a):

▪ καὶ τοῦτο μὲν ... διισχυρισαίμην] ~ „<dass> aber/jedoch diese Ansicht ich nicht ganz mit Überzeugung vertreten möchte", wird <u>nicht</u> als Parenthese aufgefasst, wie es auch Verdenius (1958) sieht, sondern als Bestandteil des ὅτι-Satzes im Sinne von: „<u>Wisset</u>, dass ich hoffe ... und <u>dass</u> ich diese Ansicht nicht ganz mit Überzeugung <u>vertreten</u> möchte". Hierfür spricht τε ... καί ... („dass ich ... und dass ich ...") als auch später die (hier verkürzte) parallele Aussage: „<u>Wisset</u>, <u>dass</u> ich die letztgenannte (sc. Ansicht) mit Überzeugung <u>vertreten</u> möchte (εὖ ἴστε ... διισχυρισαίμην ἂν καὶ τοῦτο)."

▫ καί] ~ „aber/jedoch". καί hat primär anreihende Funktion („und"), hat aber auch adversative bzw. konzessive Konnotation, die durch das nachfolgende μὲν angezeigt gesehen werden kann.

▫ τοῦτο] ~ „diese Ansicht". τοῦτο steht für παρ᾽ ἄνδρας ἀγαθούς ἀφίξεσθαι, für die (als Hoffnung dargestellte) Ansicht: im Jenseits komme ich zu guten Menschen. Die Übersetzung von τοῦτο mit „Ansicht" ist gewählt in Ausnutzung der Bedeutungsvarianten des Wortes Ansicht. Einmal kann es einen reinen Glauben, eine pure Hoffnung, eine 'grundlose' Annahme zum Ausdruck bringen, zum anderen kann es, so in der Verbindung mit „vertreten", eine Ansicht bezeichnen, die nicht grundlos ist, die auf Voraussetzungen (letztlich auf Grundvoraussetzungen bzw. -überzeugungen) beruht – die also <u>vertreten</u> werden kann, mit anderen Worten eine auf Voraussetzungen beruhende <u>Behauptung</u> darstellt. Die Übersetzung von τοῦτο mit „Ansicht", anstatt mit einem wörtlicheren „dies" oder „diese Sache", ist auch gewählt, um den Unterschied zu Übersetzungsvarianten, siehe § 2.3, zu verdeutlichen.

▫ μὲν] wird nicht eigens übersetzt. μέν kann zum einen auf das vorausgehende καί bezogen werden (siehe oben zu καί), aber auch auf das unmittelbar vorausgehende τοῦτο, indem es auf dieses rekapitulierend zurückweist.[13] μέν korrespondiert nicht (wie sonst oftmals) mit dem nachfolgenden μέντοι in c2.

---

[12] Die Zeichen sind unter „Terminologisches" erklärt.

[13] Im Sinne der folgenden Anmerkung von Kühnert/Gerth (1904, p.140): „Das konfirmative μέν wird auch in der Weise angewandt, dass es hinter Pronomen auf eine erwähnte Person rekapitulierend zurückweist, indem es die Identität der genannten Person in einem neuen Gedanken versichernd bezeichnet."

▫ διισχυρίζεσθαι] ~ „mit Überzeugung vertreten". Diese Übersetzung ist mit der Komponente „mit Überzeugung" durch den Kontext (glauben, hoffen) bedingt und mit der Komponente „vertreten" durch den sonstigen Gebrauch des Verbs bei Platon.[14]

▪ < ἴστε > ὅτι μέντοι < ἐλπίζω > παρὰ θεοὺς … ἥξειν] Die Ergänzungen <wisset> und <ich hoffe> sind nahegelegt durch den mit ihnen sich ergebenden Parallelismus 'wisset, dass ich hoffe, zu guten Menschen zu kommen – <wisset> dass <ich hoffe> zu Göttern zu kommen, die überaus gute Herren sind'.

▫ ὅτι erinnert sofort an das vorangehende ἴστε ὅτι.

▫ Und das futurische ἥξειν an das vorangehende (im ἴστε ὅτι-Satz enthaltene) ἐλπίζω ἀφίξεσθαι, sodass es naheliegt, ὅτι παρὰ θεοὺς ἥξειν in Entsprechung zum vorangehenden ὅτι παρ᾽ ἄνδρας ἐλπίζω ἀφίξεσθαι zu verstehen.

▫ μέντοι] ~ „vor allem", korrespondiert nicht mit dem vorangehenden μέν, sondern verstärkt nur das „wisset".

▪ εἴπερ τι ἄλλο τῶν τοιούτων] ~ „wenn eine von diesen Ansichten".

▫ τι ἄλλο ~ „eine". Genauer: τι ἄλλο steht für τι καὶ ἄλλο ~ „die eine oder andere". Vgl. z.B. 59a: εἴπερ τις ... καὶ ἄλλος, 66a: εἴπερ τις [καὶ] ἄλλος.

▫ τῶν τοιούτων] Mit „diesen Ansichten" sind <u>in erster Linie</u> die in (2a) als Hoffnung ausgesprochenen Ansichten gemeint: im Jenseits zu guten Menschen zu kommen, im Jenseits zu Göttern zu kommen, die überaus gute Herren sind; wohl aber auch die in (1a) als Glaube ausgesprochenen, i.w. gleich lautenden Ansichten: im Jenseits zu anderen weisen und guten Göttern zu kommen, im Jenseits zu verstorbenen Menschen zu kommen, die besser sind als die im Diesseits; letztlich sind wohl alle positiven Erwartungen an das Jenseits (ob als Hoffnung oder als Glaube oder sonstwie formuliert) gemeint.

▪ καὶ] ~ „doch", ist emphatisch bzw. adversativ zu verstehen.

▪ τοῦτο] ~ „letztgenannte" (sc. Ansicht). Gemeint ist die Ansicht: Ich komme (im Jenseits) zu Göttern, die überaus gute Herren sind.

Zu (2b):
Hierbei sei eingegangen auf: ὥστε, διὰ ταῦτα und οὐχ ὁμοίως ἀγανακτῶ.

▪ ὥστε] ~ „sodass". ὥστε fungiert im Sinne

---

[14] Es wurden – anhand von Brandwood (1976) – alle 33 διισχυρίζεσθαι-Stellen im Corpus platonicum durchmustert. Als Grundbedeutung von διισχυρίζεσθαι lässt sich aufgrund dieser Durchmusterung ansehen: mit Bestimmtheit bzw. Nachdruck behaupten.

(a) des Konditionalgefüges $A \to B$ $(B \approx \neg C)$
(b) des Schlusses $A, A \to B \Rightarrow B$ $(B \approx \neg C)$

Dabei stellt der Implikationspfeil ($\to$) in (a) die <u>konditionale</u> Lesart von ὥστε dar, und der Folgerungspfeil ($\Rightarrow$) in (b) die <u>schließende</u> Lesart von ὥστε. Zur Funktion von ὥστε, insbesondere in schließender Weise, siehe weiteres in § 2.4. Zu $B \approx \neg C$ siehe unten zu οὐχ ὁμοίως ἀγανακτῶ und in § 2.4.

▪ διὰ ταῦτα] ~ „deswegen". Worauf bezieht sich das ταῦτα von διὰ ταῦτα? Es bezieht sich auf das Vorangehende, wohl aber nicht nur auf (2a), sondern auch auf (1a)-(1b).

▫ Mit Bezug auf die Hoffnungsäußerung (A) in (2a) würde διὰ ταῦτα den <u>Grund</u> des Nicht-zurecht-Unwilligseins-über-den-Tod ($\neg C$) betonen, womit der Satz „A ὥστε διὰ ταῦτα οὐχ ὁμοίως ἀγανακτῶ" sich fast kausal lesen würde („Weil ich hoffe, ..., bin ich nicht zurecht unwillig <über den Tod>"). Damit würde διὰ ταῦτα die schließende Lesart von ὥστε betonen.

▫ Mit Bezug auf (1a)-(1b) würde mit διὰ ταῦτα betont werden, dass (2a)-(2b) bzw. A $\to$ B in <u>Parallelität</u> zu (1a)-(1b) bzw. zu $\neg A \to \neg B$ zu sehen ist. Damit wäre die konditionale Lesart von ὥστε hervorgehoben.

▪ οὐχ ὁμοίως ἀγανακτῶ] ~ „nicht in gleicher Weise bin ich unwillig <über den Tod>". ὁμοίως ist nicht quantitativ zu verstehen im Sinne von „im gleichen <u>Maße</u>", sondern qualitativ.[15] Mit „nicht <u>in gleicher Weise</u> unwillig sein über den Tod" ist gemeint: „nicht <u>zurecht</u> unwillig sein über den Tod". Dies ergibt sich wie folgt: „Nicht in gleicher Weise unwillig sein über den Tod" fordert zur Suche (mit anschließendem Vergleich) einer Dialogsituation auf, bei der von einer <u>Weise</u> der Unwilligkeit über den Tod die Rede ist. Nun wurde ja gerade zuvor mit (1a)-(1b) eine Situation, bei der von „unwillig sein über den Tod" die Rede ist, dargestellt: „Wenn ich nicht glauben würde ..., würde ich unrecht tun, nicht unwillig zu sein über den Tod". Der Dann-Teil dieses Satzes lässt sich wie folgt umformulieren: „wäre ich <u>zurecht</u> unwillig über den Tod".

Dies ist wohl schon durch intuitives Verständnis klar. Dieses lässt sich wie folgt explizieren:
Die inhaltliche Gleichsetzung von „Ich tue unrecht, nicht unwillig zu sein über den Tod" mit „Ich bin zurecht unwillig über den Tod" beruht auf den beiden folgenden Hauptschritten (a) und (b) inhaltlicher Gleichsetzung:
(a)   „$\neg$ ich tue recht, $\neg$ P zu sein" $\approx$ „ich tue recht, P zu sein"

---

[15] Die von mir konsultierten Übersetzungen (siehe Literaturverzeichnis) fassen ὁμοίως quantitativ auf. In anderem Zusammenhang weist Ebert (2004, p.228 n.23) darauf hin, dass ὅμοιος (gleich) qualitativ zu verstehen ist.

(b)　„ich tue recht, P zu sein" ≈ „ich bin zurecht P".

Woraus sich ergibt

- „¬ ich tue recht, ¬ P zu sein" ≈ „ich bin zurecht P".

Steht nun P für „unwillig über den Tod", ergibt sich das Gewünschte:

- „ich tue unrecht, nicht unwillig über den Tod zu sein" ≈ „ich bin zurecht unwillig über den Tod".

Zu (a):

Worauf beruht die inhaltliche Gleichsetzung von „¬ ich tue recht, ¬ P zu sein" mit
„ich tue recht, P zu sein"?

Sie beruht auf der Annahme des folgenden Rechtsprinzips (wobei S ein Sachverhalt sei):

- S und ¬S sind nicht zugleich recht getan.
  Und: S ist recht getan oder ¬S ist recht getan.

Hieraus ergeben sich die beiden Folgerungen:

- S ist recht getan　　　　→　　nicht: ¬S ist recht getan.
  nicht: S ist recht getan　　→　　　　¬S ist recht getan.

Diese beiden Folgerungen zusammengefasst ergeben

- S ist recht getan　　　　↔　　nicht: ¬S ist recht getan.　　Bzw.
  Ich tue recht S　　　　　↔　　nicht: ich tue recht ¬S.　　Bzw.

(a)　　Ich tue recht P zu sein　↔　　nicht: ich tue recht ¬P zu sein.

Anmerkung: „nicht: ich tue recht S" ≈ „ich tue recht ¬S" (was gleichwertig ist mit dem obigen „ich tue recht S"
≈ „nicht: ich tue recht ¬S") entspricht inhaltlichen Gleichsetzungen wie οὐ φημὶ S ≈ φημὶ οὐ S oder οὐ οἶμαι S
≈ οἶμαι οὐ S. Diese beruhen auf dem obigen Rechtsprinzip analogen Prinzipien; für den οἶμαι-Fall sei das Prinzip
formuliert: „S und ¬S nicht zugleich ich glaube. Und: S ich glaube oder ¬S ich glaube".

Zu (b):

Einer inhaltlichen Gleichsetzung von „ich tue recht, P zu sein" mit „ich bin zurecht P" entspricht, das Griechische
genauer wiedergebend, die folgende Reihung inhaltlicher Gleichsetzungen: „ich tue recht P seiend" ≈ „recht
tuend ich bin P" ≈ „zurecht ich bin P". Zur Rechtfertigung dieser beiden inhaltlichen Gleichsetzungen: Bekannt-
lich ist es bei einer Reihe von Verben im Griechischen so, dass wenn diese ein Partizip coniunctum („P seiend")
bei sich haben, dieses das eigentliche Prädikat der Satzaussage darstellt und das Verb selbst („ich tue recht") zur
adverbialen Bestimmung des mit dem Partizip ausgedrückten Prädikats wird. "Unrecht tun" (ἀδικέω) und "recht
tun" (δίκαια πράττω, εὖ ποιέω) gehören zu diesen Verben. Dies berücksichtigend, ist es gerechtfertigt umzu-
formulieren, d.h. die Hauptaussage („P seiend") mit dem finiten Verb („ich bin P") auszudrücken und die
Nebenaussage („ich tue recht") mit einem Partizip („recht tuend", 1. Gleichsetzung) bzw. mit einem sinngleichen
Adverb („zurecht", 2. Gleichsetzung).

Eine Umformulierung im Sinne der beiden Schritte (a) und (b) hat Platon wohl im Blick, wenn er mit (οὐχ)
ὁμοίως ἀγανακτῶ <τῷ θανάτῳ> Bezug nimmt auf ἀδικέω οὐκ ἀγανακτῶν τῷ θανάτῳ im Sinne von: ὁμοίως
ἀγανακτῶ besagt dasselbe wie ἀδικέω οὐκ ἀγανακτῶν τῷ θανάτῳ. Zur verdeutlichenden Wiederholung
dessen, was die Transformation von „nicht ich tue recht, nicht unwillig zu sein über den Tod" in „in gleicher
Weise (sc. zurecht) ich bin unwillig über den Tod" rechtfertigt, seien jetzt die einzelnen Schritte der Transformation in Griechisch vollzogen:

ἀδικέω οὐκ ἀγανακτῶν τῷ θανάτῳ　　　　　　≈

οὐ δίκαια πράττω οὐκ ἀγανακτῶν τῷ θανάτῳ　　≈　　(a)

δίκαια πράττω ἀγανακτῶν τῷ θανάτῳ　　　　　≈　　(b)

δίκαια πράττων ἀγανακτῶ τῷ θανάτῳ   ≈
δικαίως ἀγανακτῶ τῷ θανάτῳ.[16]

Mit der Umformulierung von (1b) „würde ich unrecht tun, nicht unwillig zu sein über den Tod" in „wäre ich <u>zurecht</u> unwillig über den Tod" ist also klar:

▫ mit „<u>in gleicher Weise</u> unwillig sein über den Tod" ist „<u>zurecht</u> unwillig sein über den Tod" gemeint (C)   bzw.

▫ mit „<u>nicht in gleicher Weise</u> unwillig sein über den Tod" ist „<u>nicht zurecht</u> unwillig sein über den Tod" (¬C) gemeint.

Es ergibt sich also: „ich bin in gleicher Weise unwillig über den Tod" ≈ „ich bin zurecht unwillig über den Tod" ≈ „nicht ich tue Recht, nicht unwillig zu sein über den Tod", kurz: C ≈ ¬B. Entsprechend ergibt sich: ¬C ≈ B. [17] Das Gefüge (2a)-(2b) beinhaltet prima facie A → ¬C, da aber ¬C ≈ B ist, ebenso A → B. [18]

Hervorzuheben ist: Das οὐχ von οὐχ ὁμοίως ἀγανακτῶ kann rein formal in zwei Weisen aufgefasst werden:

▫ wortverneinend, indem es alleine ὁμοίως verneint

▫ satzverneinend, indem es ὁμοίως ἀγανακτῶ verneint.

Dreierlei spricht für die Auffassung im satzverneinenden Sinn:

(a) Für die satzverneinende Auffassung spricht zunächst, dass dann (2a)-(2b) parallel gestaltet zu (1a)-(1b) ist, im Sinne von A → B ist parallel gestaltet zu ¬A → ¬B (siehe näheres hierzu in § 2.4).

Nun ist „nicht: in gleicher Weise (sc. zurecht) ich bin unwillig über den Tod" erfüllt,

▫ wenn ich <u>nicht</u> unwillig über den Tod bin   oder

▫ wenn ich zu Unrecht <u>unwillig</u> über den Tod bin.

(b) Für die satzverneinende Auffassung spricht auch, dass beide Fälle als Folge des Glaubens bzw. der Hoffnung, im Jenseits es viel besser zu haben als im Diesseits, gesehen werden können, wobei besagter Glaube bzw. besagte Hoffnung doch wohl eher dazu führen soll, <u>jedes</u> Unwilligsein über den Tod auszuschließen als dazu, einzusehen, dass ein Unwilligsein über den Tod zu Unrecht besteht.

(c) Weiters spricht für die satzverneinende Auffassung, dass der wortverneinende Fall nicht nur, wie eben dargestellt, wenig wahrscheinlich ist, sondern eigentlich auszuschließen ist. Denn Sokrates handelt und lebt immer rechtmäßig, im Sinne

---

[16] In 69d-e heißt es i.w. gleichbedeutend mit δικαίως ἀγανακτῶ: εἰκότως ... ἀγανακτῶ.

[17] Zu C ≈ ¬B bzw. ¬C ≈ B siehe in § 2.4, zu (5).

[18] Siehe hierzu in § 2.4, zu (2).

„innerer" moralischer Maximen als auch der staatlichen Gesetze, [19] sodass er gar nicht zu Unrecht unwillig über den Tod sein kann. Für Sokrates folgt also aus dem Glauben bzw. der Hoffnung, im Jenseits es viel besser zu haben als im Diesseits, <u>zusammen</u> mit seiner Maxime, niemals Unrecht zu tun, dass er nicht unwillig über den Tod ist. Diese im Vergleich mit "nicht: zurecht ich bin unwillig über den Tod" verschärfte Folgerung wird auch später in 69de formuliert: „... ich bin nicht unwillig (οὐδ᾽ ἀγανακτῶ), euch zu verlassen und die hiesigen Herren, weil ich glaube (ἡγούμενος), dort nicht weniger als hier gute Herren und Freunde anzutreffen."

Zu (2c):
▪ Die Ausführung zu οὐχ ὁμοίως ἀγανακτῶ zeigt, wie (2c) sich als <u>Ergänzung zwangsläufig</u> aus οὐχ ὁμοίως ἀγανακτῶ ergibt.
▪ (2c) ist, berücksichtigt man: in gleicher Weise = zurecht, eine wiederholende Kurzfassung des Wenn-dann-Satzes (1a)-(1b), wobei mit „dies" gemeint ist, im Jenseits zu besseren Göttern und Menschen zu kommen, was in (1a) in negierendem Kontext als Glaube, in (2a) als Hoffnung ausgesprochen ist.

Zu (2d):
Im Folgenden sei die Hoffnungsäußerung in (2a) mit „H2a" und die in (2d) mit „H2d" bezeichnet.[20] Beim Verhältnis von H2d zu H2a bestehen zwei Möglichkeiten. Aufgrund der Darstellung dieser beiden Möglichkeiten wird sich zeigen, dass es weniger kompliziert und problematisch ist, (2d) ἀλλ᾽ εὔελπίς εἰμι … <u>nicht</u> als Teil des ὥστε-Satzes, sondern als einen <u>neuen</u> Satz zu sehen.
Zunächst zu den beiden Möglichkeiten des Verhältnisses von H2d zu H2a:
▪ Fall H2d = H2a: H2d und H2a drücken dieselbe Hoffnung aus, indem mit dem πολὺ ἄμεινον in H2d nichts anderes gemeint ist als mit dem „zu guten Menschen und zu Göttern, die überaus gute Herren sind, zu kommen" in H2a. Hierfür könnte sprechen, dass H2d mit der Parenthese „wie ja schon lange gesagt wird" ebenfalls volkstümlich-traditionell formuliert scheint wie H2a.
▪ Fall H2d > H2a: H2d geht über H2a hinaus (deswegen „>"), indem das πολὺ

---

[19] Man denke an die sokratische Maxime: Unrecht tun, ist verboten, insbes. darf man Unrecht nicht mit Unrecht vergelten (Kriton 49b,d); Unrecht erleiden ist besser als Unrecht tun (Gorgias 469c), oder daran, dass Sokrates sich nicht durch Flucht der Todesstrafe, d.h. den athenischen Gesetzen entziehen wollte, auch wenn sie Unrecht haben sollten (Kriton 50c).

[20] H2a kurzgefasst: „Ich hoffe zu guten Menschen und zu Göttern, die überaus gute Herren sind, zu kommen." H2d: „Ich bin der Hoffnung, es gebe etwas für die Verstorbenen, und zwar, wie schon lange gesagt wird, etwas viel Besseres für die Guten als für die Schlechten."

ἄμεινον über das „zu guten Menschen und zu Göttern, die überaus gute Herren sind, zu kommen" in H2a hinausgeht.

Nimmt man an, dass (2d) ἀλλ᾽ εὐελπίς εἰμι … zum ὥστε-Satz gehört, ergeben sich folgende Schwierigkeiten:
• Im Fall H2d = H2a hätte man eine (durch ὥστε angezeigte) „nichtssagende" Implikation A → A bzw. Folgerung A ⇒ A (siehe oben zu (2b), zu ὥστε). H2d nach ὥστε als <u>Wiederholung</u> von H2a vor ὥστε könnte bestenfalls den Sinn machen, die Hoffnungsäußerung H2a bzw. H2d mit ἀλλά („sondern") dem Unwilligsein über den Tod als Gegensatz gegenüberzustellen. [21]
• Im Fall H2d > H2a würde die Frage bestehen, was es berechtigt, H2d als Folgerung aus H2a aufzufassen.

Diese Schwierigkeiten bestehen <u>nicht</u> bei der Lesart: (2d) ἀλλ᾽ εὐελπίς εἰμι … ist <u>nicht</u> Bestandteil des ὥστε-Satzes, sondern ein neuer Satz. [22]
• Bei dieser Lesart wird H2d also nicht als Folgerung aus H2a gesehen.
• Für diese Lesart, bei der alleine (2b) den ὥστε-Satz ausmacht, spricht auch, dass sich bei ihr (2a)-(2b) als Parallele zu (1a)-(1b) ergibt (siehe oben zu (2b), zu διὰ ταῦτα).
• Bei dieser Lesart wäre es zwar möglich, H2d als identisch mit H2a zu sehen, der ἀλλά-Satz hätte dann aber relativ wenig Sinn: er würde einzig den Gegensatz dieser Hoffnung zum Unwilligsein über den Tod auszudrücken. Vermieden wäre dabei aber die eben erwähnte „nichtssagende" Implikation A → A bzw. Folgerung A ⇒ A.
• Einen m.E. besseren Sinn macht die folgende Auffassung:
H2d geht über H2a hinaus. Dadurch würde das „vielmehr" (ἀλλά) nicht nur einen Gegensatz von H2d zum Unwilligsein über den Tod anzeigen, sondern insbes. ein Vielmehr (einen Gegensatz) von H2d im Vergleich zu H2a.
　　Nun findet sich kurz nach (2d) in 63e9-4a2 die folgende Hoffnungsäußerung:

---

[21] Der Gegensatz besteht darin, dass die Hoffnung als etwas Positives, das Unwilligsein als etwas Negatives angesehen wird.

[22] Die Texteditionen von Burnet (1911) und Robin (1967) legen es durch Kommasetzung vor ἀλλ᾽ nahe, (2d) ἀλλ᾽ εὐελπίς εἰμι … als Bestandteil des ὥστε-Satzes zu sehen, wie es (darauf basierend) auch verschiedene Übersetzungen tun. Hierzu drei Beispiele. Schleiermacher (1826): „So daß ich eben deshalb nicht so unwillig bin, sondern der frohen Hoffnung, daß …" / Rufener (1958): „Deshalb bin ich nicht dermaßen unwillig, sondern habe die feste Hoffnung, …" / Zehnpfennig (1991): „Daher bin ich nicht so unwillig wie sie, sondern ich bin guter Hoffnung, daß …"

„Mir scheint, dass der wahrhaft sein Leben mit der Philosophie zubringende Mensch zurecht … guter Hoffnung ist, dort die größten Güter (μέγιστα ἀγαθά) zu erlangen, wenn er gestorben ist."[23] Diese Hoffnungsäußerung sei mit „Hμα" bezeichnet. Wenn mit den μέγιστα ἀγαθά in Hμα nichts anderes gemeint ist als mit dem πολὺ ἄμεινον in H2d, so wäre Hμα identisch mit H2d. Wenn aber die μέγιστα ἀγαθά mehr beinhalten als das πολὺ ἄμεινον, was m.E. eher zutrifft, so geht Hμα über H2d hinaus. H2d hätte dann eine Mittelstellung zwischen H2a und Hμα. Die Reihung H2a – H2d – Hμα wäre dann gut im Sinne der folgende Klimax vom Konkreten zum Abstrakten (Ideenhaften) hin zu verstehen: Die Hoffnung ist, im Jenseits zu erlangen: das Zusammensein mit guten Menschen und überaus guten Göttern (H2a) – ein πολὺ ἄμεινον (H2d) – μέγιστα ἀγαθά (Hμα) – das Gute an sich (als summum bonum).[24]

§ 2.3 Übersetzungsvarianten

Eine Übersetzung, die übereinstimmt mit der von (2a), konnte ich in der von mir herangezogenen Literatur (Übersetzungen, Kommentare[25]) nicht finden. Zur Übersetzung von (2a) – im folgenden "Variante 1" genannt – seien noch drei Varianten dargestellt; zumindest die letzten beiden sind auch in der Literatur zu finden. Eine nachfolgende Schematisierung der insgesamt vier Varianten wird ihre Unterschiede verdeutlichen helfen.

Variante2:
Nun aber wisset, dass ich hoffe, zu guten Menschen zu kommen, <dass> aber/jedoch diese <u>Hoffnung</u> ich nicht ganz mit Überzeugung <u>äußern</u> möchte, vor allem <wisset> dass <ich hoffe> zu Göttern zu kommen, die überaus gute Herren sind. Wisset, dass wenn eine von diesen <u>Hoffnungen</u>, dann doch letztgenannte ich mit Überzeugung <u>äußern</u> möchte.

Anmerkungen zur Variante 2:
• Variante 1 und 2 unterscheiden sich i.w. wie folgt: In Variante 1 wird διισχυρίζε-

---

[23] μοι φαίνεται εἰκότως ἀνὴρ τῷ ὄντι ἐν φιλοσοφίᾳ διατρίψας τὸν βίον... εὔελπις εἶναί ἐκεῖ <u>μέγιστα</u> οἴσεσθαι <u>ἀγαθὰ</u> ἐπειδὰν τελευτήσῃ. (εἰκότως gehört nicht zu φαίνεται, sondern zu den davon abhängigen Infinitiven.)

[24] Zu diesem Fortschreiten vom Konkreten zum Abstrakten (Ideenhaften) hin, siehe in § 1, insbes. n.7.

[25] An Kommentaren wurden herangezogen: Archer-Hind (1894), Wohlrab (1895), Burnet (1911), Bluck (1955), Hackforth (1955), Loriaux (1969), Gallop (1975), Rowe (1993), Ebert (2004).

σϑαι mit AcI[26] konstruiert gesehen und in Variante 2 mit einem ὅτι ἐλπίζω-Satz. Genauer: Bei Variante 1 steht das erste τοῦτο für den AcI παρ᾽ ἄνδρας ... ἀφίξεσθαι und das zweite τοῦτο für den AcI παρὰ θεοὺς ... ἥξειν und τῶν τοιούτων für beide AcI;[27] bei Variante 2 steht das erste τοῦτο für den dass-Satz ὅτι ἐλπίζω παρ᾽ ἄνδρας ... ἀφίξεσθαι, das zweite τοῦτο für den dass-Satz ὅτι ἐλπίζω παρὰ θεοὺς ... ἥξειν, und τῶν τοιούτων für beide dass-Sätze.

• διισχυρίζεσθαι hat eigentlich die Bedeutung 'mit Bestimmtheit bzw. mit Nachdruck behaupten' (siehe n.14). Sieht man διισχυρίζεσθαι mit ὅτι ἐλπίζω-Satz konstruiert, kann bei der Übersetzung die eigentliche Bedeutung von διισχυρίζεσθαι nicht funktionieren. Denn es kann wohl kaum heißen: "Ich <u>behaupte</u> mit Nachdruck, dass ich hoffe ..." In Variante 2 ist nun von der eigentlichen Bedeutung von διισχυρίζεσθαι abgewichen im Sinne von: „Ich <u>sage</u> es mit Nachdruck: ich hoffe ..." bzw. „Ich gebe mit Nachdruck meiner Hoffnung Ausdruck, dass ...". Nach Durchmusterung aller διισχυρίζεσθαι-Stellen im Corpus platonicum (siehe n.14) scheint mir eine solches Verständnis von διισχυρίζεσθαι kaum vertretbar.

Gegen eine solche Verständnis (das διισχυρίζεσθαι mit einem ὅτι ἐλπίζω-Satz konstruiert sieht) und für das in Variante 1 vertretene (das διισχυρίζεσθαι mit AcI konstruiert sieht) spricht auch: Die ausgesprochenen Jenseitserwartungen sind wohl nicht nur einfach mit Nachdruck ausgesprochene Hoffnungen, wie es Variante 2 eher vermittelt, sondern (wie es Variante 1 vermitteln möchte) Ansichten, die auch <u>vertreten</u> werden können, d.h. die einen Hintergrund von Voraussetzungen (letztlich von Grundvoraussetzungen bzw. -überzeugungen) haben, aufgrund derer sie <u>vertreten</u> (<u>behauptet</u>) werden können.[28] Und dieses Vertreten (Behaupten) würde mit διισχυρίζεσθαι im Sinne des üblichen Verständnisses seinen adäquaten Ausdruck finden.

Variante 3:
Nun aber wisset, dass ich hoffe, zu guten Menschen zu kommen. Aber/jedoch diese <u>Hoffnung</u> möchte ich nicht ganz mit Überzeugung <u>äußern</u>. Dass allerdings <ich

---

[26] Wobei der Subjektsakkusativ weggelassen ist, da dieser mit dem Subjekt des regierenden Verbs übereinstimmt.

[27] Für alle vier Varianten gilt: Mit τῶν τοιούτων sind wohl aber auch gemeint die in (1a) als Glaube ausgesprochenen, i.w. gleich lautenden Erwartungen: im Jenseits zu anderen weisen und guten Göttern zu kommen, im Jenseits zu verstorbenen Menschen zu kommen, die besser sind als die im Diesseits; letztlich sind mit τῶν τοιούτων wohl alle positiven Erwartungen an das Jenseits (ob als Hoffnung oder als Glaube oder sonstwie formuliert) gemeint.

[28] Siehe hierzu das bei Variante 1 in § 2.2 zu (2a), zum τοῦτο von καὶ τοῦτο μὲν ... διισχυρισαίμην Angemerkte.

hoffe> zu Göttern zu kommen, die überaus gute Herren sind, <dazu> wisset, dass wenn eine derartige <u>Hoffnung</u>, dann doch letztgenannte ich mit Überzeugung <u>äußern</u> möchte.[29]

Anmerkungen zu Variante 3:

▪ καὶ τοῦτο μὲν ... διισχυρισαίμην wird nicht vom vorausgehendem ἴστε ὅτι abhängig gesehen (wie in Var. 1 – 2), sondern als eigenständiger Satz angesehen, wobei τοῦτο für das vorangehende ὅτι ἐλπίζω παρ᾽ ἄνδρας ἀφίξεσθαι ἀγαθούς steht.

▪ ὅτι μέντοι <ἐλπίζω> παρὰ θεοὺς δεσπότας πάνυ ἀγαθοὺς ἥξειν wird nicht vom vom vorausgehenden ἴστε abhängig gesehen (wie in Var. 1 - 2), sondern ὅτι μέντοι <ἐλπίζω> ... ἥξειν ... τοῦτο wird als Satzeinheit angesehen, wobei ὅτι μέντοι <ἐλπίζω> ... ἥξειν mit dem am Satzende stehenden τοῦτο, dem Objekt von διισχυρισαίμην, identifiziert wird (sodass ὅτι μέντοι <ἐλπίζω> ... ἥξειν ganz außerhalb der eigentlichen Satzkonstruktion steht).

▪ Es steht also, wie bei Var. 2, das erste τοῦτο für den dass-Satz ὅτι ἐλπίζω παρ᾽ ἄνδρας ... ἀφίξεσθαι, das zweite τοῦτο für den dass-Satz ὅτι ἐλπίζω παρὰ θεοὺς ... ἥξειν, und τῶν τοιούτων für beide dass-Sätze.

▪ Wie schon zu Var. 2 angemerkt, ist es unwahrscheinlich, dass konstruiert ist: διισχυρίζομαι ὅτι ἐλπίζω AcI (so konstruiert hätte διισχυρίζεσθαι nicht die Bedeutung wie sonst im Corpus platonicum, wie zu Var. 2 ausgeführt).

Variante 4:

Nun aber wisset, dass ich hoffe, zu guten Menschen zu kommen. Aber/jedoch diese <u>Ansicht</u> möchte ich nicht ganz mit Überzeugung <u>vertreten</u>. Dass allerdings ich zu Göttern kommen werde, die überaus gute Herren sind, <dazu> wisset, dass wenn eine derartige <u>Ansicht</u>, dann doch letztgenannte ich mit Überzeugung <u>vertreten</u> möchte.[30]

---

[29] Variante 3 kann man sinngemäß (analysiert man genau) bei Guardini (1956, p.107) nachlesen: „Nun sollt Ihr aber wissen, dass ich zu guten Männern zu kommen hoffe. Diesen Satz (sc. „Ich hoffe, zu guten Männern zu kommen.") freilich wage ich nicht so ganz sicher zu behaupten; dass ich aber zu Göttern kommen werde, welche ganz vortreffliche Herren sind – die Hoffnung, dessen könnt ihr sicher sein, spreche ich, wenn überhaupt etwas von solcher Art, mit Gewißheit aus."

[30] Variante 4 kann man sinngemäß (analysiert man jeweils genau) nachlesen bei Hackforth (1955, p.40), Rufener (1958, p.12), Dirlmeier (1959, p.23), Gallop (1975, p.7) und bei Zehnpfennig (1991, p.17) nachlesen. Hier die Übersetzung von Rufener: „Nun aber müßt ihr wissen, daß ich die bestimmte Hoffnung habe, zu guten Menschen zu kommen. Freilich kann ich das nicht ganz sicher behaupten; daß ich jedoch zu Göttern kommen werde, die ganz

Anmerkungen zur Variante 4:

▪ καὶ τοῦτο μὲν ... διισχυρισαίμην wird nicht vom vorausgehendem ἴστε ὅτι abhängig gesehen (wie in Var. 1 – 2), sondern als eigenständiger Satz, wobei τοῦτο für das vorangehende παρ᾽ ἄνδρας ἀφίξεσθαι ἀγαθούς steht.

▪ ὅτι μέντοι παρὰ θεοὺς δεσπότας πάνυ ἀγαθοὺς ἥξειν wird nicht vom vom vorausgehenden ἴστε abhängig gesehen (wie in Var. 1 - 2), sondern ὅτι μέντοι ... ἥξειν ... τοῦτο wird als Satzeinheit angesehen, wobei ὅτι μέντοι ... ἥξειν als dass-Satz ὅτι ... ἥξει gelesen wird – was nur wenig überzeugend gerechtfertigt werden kann[31] – und dieser mit dem am Satzende stehenden τοῦτο, dem Objekt von διισχυρισαίμην, identifiziert wird (sodass ὅτι μέντοι ... ἥξειν ganz außerhalb der eigentlichen Satzkonstruktion steht).

▪ Das erste τοῦτο steht also für den AcI παρ᾽ ἄνδρας ... ἀφίξεσθαι, das zweite τοῦτο für den dass-Satz ὅτι ἐλπίζω παρὰ θεοὺς ... ἥξει, und τῶν τοιούτων für beide Aussagen.

▪ Das erste διισχυρισαίμην in (2a) wird somit mit AcI konstruiert gesehen, das zweite dagegen mit ὅτι-Satz. Ein solcher Konstruktionswechsel ist wohl als unwahrscheinlich anzusehen.

Zum besseren Vergleich der vier Varianten im folgenden eine Schematisierung derselben:

Hierzu die folgenden Abkürzungen:

M	zu guten Menschen zu kommen
dM	dass ich zu guten Menschen komme
G	zu Göttern zu kommen, die überaus gute Herren sind
dG	dass ich zu Göttern komme, die überaus gute Herren sind
mÜ	mit Überzeugung
...	wenn etwas Derartiges, dann

Schema 1:
wisset, dass ich hoffe M. wisset, dass ¬ ich möchte mÜ vertreten dM.
wisset, dass ich hoffe G. wisset, dass ... ich möchte mÜ vertreten dG.

Schema 2:
wisset, dass ich hoffe M. wisset, dass ¬ ich möchte mÜ äußern, dass ich hoffe M.

---

besonders gute Herren sind, das, sollt ihr wissen, möchte ich, wenn irgend etwas von diesen Dingen, mit Gewißheit behaupten.“

[31] Siehe hierzu: Loriaux (1969, p.71-2)

wisset, dass ich hoffe G. wisset, dass ... ich möchte mÜ äußern, dass ich hoffe G.

<u>Schema 3</u>:
wisset, dass ich hoffe M. ¬   ich möchte mÜ äußern, dass ich hoffe M.
wisset, dass ...   ich möchte mÜ äußern, dass ich hoffe G.

<u>Schema 4</u>:
wisset, dass ich hoffe M. ¬   ich möchte mÜ vertreten dM.
wisset, dass ...   ich möchte mÜ vertreten dG.

Großzügig gesehen, kann man sagen, dass die vier Varianten i.w. dasselbe aussagen. Andererseits ist doch zu bemerken, dass Variante 1 (m.E.) mit ziemlicher Wahrscheinlichkeit doch der adäquateste Ausdruck des von Platon Gemeinten ist, wie es die obigen Anmerkungen zu den Varianten 1 - 4 als auch ein Vergleich der Schemata 1 - 4 wohl deutlich machen.[32]

§ 2.4 Zur logischen Struktur des Teilsegments 63b6-c7

Im Folgenden steht (wie in § 2.2)
A   für   „Ich glaube/hoffe, im Jenseits zu besseren Göttern und auch
                  Menschen zu kommen."[33]
B   für   „Ich tue recht, nicht unwillig zu sein über den Tod."
C   für   „In gleicher Weise (sc. zurecht) ich bin unwillig über den Tod."
D   für   „Ich bin der Hoffnung, im Jenseits gibt es ein viel Besseres für die Guten
                  als für die Schlechten."
Es findet sich in (1a) ¬A, in (1b) ¬B, in (2a) A, in (2b) ¬C (≈ B) und in (2d) D formuliert.

---

[32] So zeigt ein solcher Vergleich, dass Schema 1 im Vergleich zu den anderen Schemata am meisten Gleichförmigkeit aufweist, wobei einerseits die Form beider Sätze innerhalb einer Zeile (beide Zeilen im Schema 1 und 2, erste Zeile im Schema 3 bzw. 4) betrachtet sei, andererseits die Form beider Zeilen innerhalb eines Schemas.

[33] In 63b heißt es: „Wenn ich nicht glauben würde, erstlich zu anderen weisen und guten Göttern zu kommen, ferner auch zu verstorbenen Menschen, die besser sind als die hier, ..." Im Satz A wird das Besser-sein-als-die-hier nicht nur auf die verstorbenen Menschen bezogen, sondern auch auf die anderen weisen und guten Götter. Für diesen wohl selbstverständlichen Bezug spricht auch, dass die diesseitigen Götter in 63a nur als „gute Herrscher" bezeichnet werden, die jenseitigen Götter aber in 63b als „<u>überaus</u> gute Herrscher" und 69e, wo es heißt: „weil ich glaube (ἡγούμενος), dort <u>nicht weniger</u> (sc. mehr) als hier gute Herren (sc. Götter) und Freunde anzutreffen".

These: Mit den folgenden Punkten (0) – (6) ist von 63b6-c7 die logische Struktur expliziert und zudem das Inhaltliche vereinheitlichend bzw. summarisch erfasst.[34]

(0)   Das ‚glauben' in (1a) und das ‚hoffen' in (2a) sind als gleichbedeutend anzusehen.

(1) $\neg A \rightarrow \neg B$.
Wenn ich <u>nicht</u> glaube, im Jenseits zu besseren Göttern und auch Menschen zu kommen, tue ich <u>nicht</u> recht, nicht unwillig zu sein über den Tod.

(2) $A \rightarrow B$.
Wenn ich glaube, im Jenseits zu besseren Göttern und auch Menschen zu kommen,tue ich recht, nicht unwillig zu sein über den Tod.

(3) $A \leftrightarrow B$.
<u>Nur</u> (dann) wenn ich glaube, im Jenseits zu besseren Göttern und auch Menschen zu kommen, tue ich recht, nicht unwillig zu sein über den Tod.

(4) $A, A \rightarrow B \Rightarrow B$.[35]
Mit A und $A \rightarrow$ B gilt auch B.

(5) $\neg C \approx B$ (womit gilt: $\neg C \leftrightarrow B$). Inhaltlich gleich sind:
- „nicht: zurecht ich bin unwillig über den Tod"
- „ich tue recht, nicht unwillig zu sein über den Tod"

$\neg B \approx C$ (womit gilt: $\neg B \leftrightarrow C$). Inhaltlich gleich sind:
- „ich tue nicht recht, nicht unwillig zu sein über den Tod"
- „zurecht ich bin unwillig über den Tod"

(6)   D ist eine über A hinausgehende (als Hoffnung formulierte) Erwartung an das Jenseits und gehört <u>nicht</u> zur Folgerung aus A (wie es Texteditionen nahelegen, alleine $\neg C$ bzw. B ist Folgerung aus A).

Zur Verifizierung der These[36] die folgenden Ausführungen zu den Punkten (0) – (6):

---

[34] Vgl. mit der Übersicht über die logische Struktur zu Beginn von § 2.2.

[35] In der Tradition wird diese Schlussform als modus (ponendo) ponens bezeichnet.

[36] Ebert (2004, p.125-6) sieht in 63b6-c7 einen Fehlschluss der Form $\neg A \rightarrow \neg B$, $A \Rightarrow B$ vorliegen. Er merkt an, dass von den neueren Kommentatoren anscheinend niemand auf diesen Fehlschluss aufmerksam geworden ist. Die oben formulierte These widerspricht dieser Fehlschlussauffassung. So spricht z.B. dafür, dass in der Stelle die

Zu (0) Das ‚glauben' in (1a) und das ‚hoffen' in (2a) sind als gleichbedeutend anzusehen:

Für diese Gleichsetzung spricht:

▪ die Parallelgestaltung von (2a)-(2b) zu (1a)-(1b) im Sinne der Parallelgestaltung von (2) A → B zu (1) ¬A → ¬B

▪ 69 de, wo es heißt: "Das also ... ist meine Verteidigung dafür, dass ich es zu Recht nicht schwer nehme und nicht unwillig (οὐδ᾽ ἀγανακτῶ) bin, euch zu verlassen und die hiesigen Herren, weil ich <u>glaube</u> (ἡγούμενος), dort nicht weniger als hier gute Herren und Freunde anzutreffen." Die zitierte Stelle entspricht (2a)-(2b), wobei das ἡγούμενος dem ἐλπίζω von (2a) entspricht.

Zu (1) ¬A → ¬B:

(1) entspricht, bis auf die Formulierung als Irrealis, dem Konditionalgefüge (1a)-(1b) (εἰ ᾤμην ... τῶν ἐνθάδε, ἠδίκουν ἂν ... τῷ θανάτῳ).

Zu (2) A → B:

(2) entspricht (2a)-(2b) (νῦν ... τοῦτο. ὥστε διὰ ταῦτα... ἀγανακτῶ) mit <u>konditional</u> gelesenem ὥστε (d.h. A → B wird als wahr angesehen), wobei sich die Folge οὐχ ὁμοίως ἀγανακτῶ <τῷ θανάτῳ> (¬C) in (2b) über ταῦτα auf die Hoffnungs- bzw. Glaubensäußerung in (2a) bezieht:[37] Eine konditionale Leseweise von ὥστε ist i.w. nahegelegt durch die Sicht einer Parallelgestaltung von (2a)-(2b) zu (1a)-(1b) im Sinne der Parallelgestaltung von (2) A → B zu (1) ¬A → ¬B.[38] A → ¬C entspricht (2a)-(2b) mit <u>konditional</u> gelesenem ὥστε. Da ¬C ≈ B ist – siehe (5) –, entspricht A → B ebenso (2a)-(2b) mit <u>konditional</u> gelesenem ὥστε.

Punkte (1) ¬A → ¬B und (2) A → B formuliert werden und nicht ein ähnlich aussehender Fehlschluss der Form ¬A → ¬B, A ⇒ B formuliert wird, dass in Platons Dialogen (1) und (2), mit einem anderen Inhalt von A und B, <u>typischerweise</u>, im Sinne einer Äquivalenz von A und B, formuliert werden (z.B. in Euthyphron 7e, beim Versuch, die Frömmigkeit zu bestimmen: Was den Göttern lieb ist, ist fromm – und was ihnen nicht lieb ist, ist nicht fromm; Laches 194d: Worin einer gut ist, darin ist er weise – worin einer unwissend ist, darin ist er schlecht; Phaidon 78c: Was sich immer gleich und auf dieselbe Weise verhält, ist unzusammengesetzt – was sich einmal so, einmal anders verhält und niemals gleich, ist zusammengesetzt; 79a: Was unsichtbar ist, verhält sich immer gleich – was sichtbar ist, verhält sich niemals gleich).

Anmerkung: Meine Sicht der logischen Struktur von 63b6-c7 hat sich unabhängig von der Fehlschlussauffassung ergeben; diese wurde mir erst gegen Abschluss der vorliegenden Arbeit bekannt.

[37] Vgl. hierzu das in § 2.2 zu (2b), zu ὥστε und διὰ ταῦτα Angemerkte.

[38] Für eine solche Parallelgestaltung spricht insbesondere, dass Platon bei Begriffsbestimmungen typischerweise (A → B) ∧ (¬A → ¬B) im Sinne der Äquivalenzaussage A ↔ B formuliert.

Zu (3) A ↔ B:

(3) ergibt sich als Schluss aus (1) und (2). Aussagenlogisch ist eine Konjunktion A → B ∧ ¬A → ¬B genau dann wahr, wenn A und B zugleich wahr bzw. falsch sind – mit anderen Worten: A und B sind äquivalent, in Zeichen: A ↔ B.

Zu (4) A, A → B ⇒ B:

Diesen Schluss kann man wie folgt im Text realisiert sehen:

▪ Prämisse A: gegeben durch die Hoffnungsäußerung in (2a).

▪ Prämisse A → B: gegeben durch (2a)-(2b) mit <u>konditional</u> gelesenem ὥστε, siehe das zu (2) Ausgeführte.

▪ Gewinnung der Konklusion B: das ὥστε des Gefüges (2a)-(2b) wird <u>folgernd</u> (konsekutiv) gelesen, wobei also nicht nur A → B, sondern auch A als wahr angesehen wird. [39]

Zu (5) ¬C ≈ B bzw. ¬B ≈ C:

(5) lässt sich in zweifacher Weise verifizieren:

▪ (1a)-(1b) lässt sich offensichtlich, von der Formulierung als Irrealis abgesehen, schreiben als: ¬A → ¬B, und (2a)-(2b) mit <u>konditional</u> gelesenem ὥστε als: A → ¬C. Im Sinne einer Parallelgestaltung von A → ¬C zu ¬A → ¬B muss ¬C ≈ B sein. Inhaltlich (und teilweise auch im Wortlaut, siehe die folgenden beiden Klammertexte) stimmen also überein:

▫ „nicht in gleicher Weise ich bin unwillig über den Tod" (¬C)
  (οὐχ ... ἀγανακτῶ <τῷ θανάτῳ>)" [40]

▫ „ich tue recht, nicht unwillig zu sein über den Tod" (B)
  (... οὐκ ἀγανακτῶν τῷ θανάτῳ).

Mit ¬C ≈ B ist offensichtlich auch ¬B ≈ C gegeben.

▪ Gemäß den Anmerkungen in § 2.2 zu (2b), zu οὐχ ὁμοίως ἀγανακτῶ sind inhaltsgleich

---

[39] A ὥστε B hat also im Rahmen dieses Schlusses drei Funktionen: (a) es wird A behauptet, (b) es wird A → B (wenn A, dann B) behauptet (konditionaler Aspekt von ὥστε), (c) es wird schließend B behauptet (als Konklusion aus den Prämissen A und A → B, konsekutiver Aspekt von ὥστε).

Allgemein wird ein Satz A ὥστε B, wobei der Teilsatz B keinen AcI, sondern ein finites Verb aufweist, in seiner Funktion wie folgt gesehen: Als gegeben werden A und A → B angesehen, sodass auch (als sogenannte ‚wirklich eingetretene Folge' von A) B gegeben ist. Die Situation bei einem A ὥστε B - Satz erinnert an die bei einem Irrealis "wenn A wäre, so wäre auch B", wo zwar das A → B als gegeben, aber (im Gegensatz zu einem A ὥστε B - Satz) A als <u>nicht</u> gegeben gesehen wird.

[40] Dazu, dass "nicht" nicht wortverneinend (οὐχ ὁμοίως), sondern satzverneinend (οὐχ: ὁμοίως ἀγανακτῶ) zu verstehen ist, siehe das in § 2.2 zu (2b), zu οὐχ ὁμοίως ἀγανακτῶ Angemerkte.

▫ „nicht ich tue recht, nicht unwillig zu sein über den Tod"   (¬B)
▫ „in gleicher Weise (sc. zurecht) ich bin unwillig über den Tod".[41]   (C)
Mit ¬B ≈ C ist offensichtlich auch ¬C ≈ B gegeben.

Zu (6):
Siehe in § 2.2 das zu (2d) Ausgeführte.

§ 3 Zur Identifizierung Gott = das Gute (Anhang zur Einleitung)

In der Einleitung ging es um die These: Das wahrhaft Gute ist bei Platon identisch mit dem wahrhaft Göttlichen.

Sie ist z.B. nahegelegt dadurch, wie in der Politeia im Rahmen der Erörterung, wie die Richtlinien für Dichter hinsichtlich „Götterkunde" (θεολογία) gestaltet sein sollten (379a-83a), Gott charakterisiert wird: Gott ist (a) wahrhaft gut (τῷ ὄντι ἀγαθός[42]), er ist (b) die <u>einzige</u> Ursache aller guten Dinge (τῶν ἀγαθῶν οὐδένα ἄλλον <ἢ τὸν θεὸν> αἰτιατέον),[43] er ist bzw. verhält sich (c) in jeder Weise vollkommen (παντῇ ἄριστα ἔχει,[44] in Hervorhebung hinsichtlich καλλός und ἀρετή)[45] und aufgrund seiner Vollkommenheit ist er auch (d) unveränderlich in seiner Gestalt (eingestaltig; 380d-1c). Überdies wird Gott in 382e (e) unpersönlich als τὸ δαιμόνιόν τε καὶ τὸ θεῖον bezeichnet.

Schon durch die Kennzeichnung Gottes als (b) die <u>einzige</u> Wesenheit, die Ursache aller guten Dinge ist, ist Gott mit dem Guten als identisch erwiesen.

Zudem scheint es, dass für Platon die bestimmenden Eigenschaften Gottes, nämlich (a) – (d), gerade auch die bestimmenden Eigenschaften des Guten sind, wovon im Folgenden ausgegangen wird (eigentlich sieht es so aus, als ob Platon die bestimmenden Eigenschaften des Guten zu den bestimmenden Eigenschaften Gottes erklärt). Dass Gott bzw. das Gute mit den Eigenschaften (a) – (d) überbe-

---

[41] Die Begründung von ¬B ≈ C in Kurzfassung: ¬ ich tue recht, ¬ unwillig zu sein ≈ ich tue recht, unwillig zu sein ≈ zurecht ich bin unwillig.

[42] Dabei ist ἀγαθός (gut) längst nicht nur im moralischen Sinne zu verstehen, sondern auch in dem Sinne, in welchem z.B. auch ein Messer gut ist (als "gut" bezeichnet wird).

[43] Zuvor (379b) ist davon die Rede, dass das Gute nur die Ursache (αἴτιον) aller guten Dinge (τῶν εὖ ἐχόντων) ist.

[44] Vgl. 379b: τὰ εὖ ἔχοντα, 380e: τὰ ἄριστα ἔχοντα.

[45] Analog wird auch, in Philebos 20d, vom Guten gesagt, dass es vollkommen bzw. das Vollkommenste ist.

stimmt sind, ist nicht allzu wesentlich, aber doch zu thematisieren. So ergibt sich aus (c) der Vollkommenheit, ob Gottes oder des Guten, (d) seine Unwandelbarkeit (380d-1c).[46] (d) ergibt sich aber wohl schon aus (a), weil (d) sich ja aus (c) ergibt und (c) sich wohl schon aus (a).[47] Das wahrhaft Gute bzw. Göttliche ist also <u>aufgrund</u> seiner Vollkommenheit unwandelbar.

Unveränderlich (unwandelbar) sind bei Platon, im Gegensatz zu den Dingen der Wahrnehmungswelt, auch wenn diese oftmals hohe Konstanz zeigen, die Ideen, zu denen auch das Gute zählt.[48] In Phaidon 78d werden Ideen (das Gute an sich,[49] das Schöne an sich, das Gleiche an sich usw.) <u>generell</u> (postulierend) als unveränderliche Entitäten angeführt; dabei wird von ihnen gesagt, dass sie einförmig seiend für sich (μονοειδὲς ὂν αὐτὸ καϑ᾽ αὐτό) unveränderlich sind. Prauss (1968, p.104-5) sieht mit dem Ausdruck „einförmig seiend für sich" eine <u>Begründung</u> für die Unveränderlichkeit gegeben, was mir fraglich erscheint. μονοειδὲς ὂν αὐτὸ καϑ᾽ αὐτό scheint mir eher nur ein Synonym zu sein für „unveränderlich seiend", für „keine Veränderung (78d: μεταβολήν, ἀλλοίωσιν) annehmend", so wie im Staat ἁπλοῦς (was μονοειδές entspricht) Synonym für „keine Veränderung annehmend" ist (380d: oder meinst du, dass Gott einfach (ἁπλοῦς) ist und am allerwenigsten aus seiner Gestalt heraustritt? 381c: Gott bleibt immer einfach (ἁπλῶς) in seiner Gestalt). Wenn Platon beabsichtigt haben sollte, zu formulieren, dass Ideen unveränderlich sind, <u>weil</u> sie einförmig sind, so wäre doch wegen der Grundsätzlichkeit dieses Kausalverhältnisses zu erwarten, dass dieses entsprechend eindeutig und deutlich von Platon zum Ausdruck gebracht wird, z.B. mit dem Kausalsatz ὅτι μονοειδές ἐστι αὐτὸ καϑ᾽ αὐτό statt mit dem nicht zwingend kausal zu verstehenden Partizipausdruck μονοειδὲς ὂν αὐτὸ καϑ᾽ αὐτό. Zumindest wäre zu erwarten, dass dieser Partizipausdruck mit vorangestelltem ἅτε oder ὡς im Sinne eines kausalen Verständnisses markiert ist (ὡς würde den Grund aus subjektiver Sicht, ἅτε würde ihn als objektiv gegeben darstellen).

Auch die spätere Charakterisierung des Guten im Rahmen des Sonnengleichnisses (506d-9b), wo das Gute funktional analog zur Sonne gesehen wird,[50] spricht für eine Identifikation des wahrhaft Guten mit dem wahrhaft Göttlichen. Zum einen, weil

---

[46] Den Beweis der Unwandelbarkeit des Göttlichen übernimmt Aristoteles (in περὶ φιλοσοφίας, siehe Fragment 16 in Ross 1955, und in περὶ οὐρανοῦ, 279a30ff.).

[47] Als Schlusskette veranschaulicht: (a) → (c) → (d). Der Schluss (a) → (c) ist in kontraponierter Form vielleicht einsichtiger: Würde Gott bzw. das Gute sich nicht in jeder Weise vollkommen (ἄριστα) verhalten, so wäre er bzw. es auch nicht wahrhaft gut (ἀγαθός).

[48] Wobei das Gute (an sich) ontologisch einen Sonderstatus unter den Ideen hat (siehe unten zum Sonnengleichnis, Politeia 506d-9b).

[49] Das Gute an sich ist im Phaidon bezeichnet als ἀγαθὸν αὐτό (65d, siehe Kontext), αὐτὸ τὸ ἀγαθόν (75cd), ἀγαθὸν αὐτὸ καθ᾽ αὐτό (100b, siehe Kontext) und als ἀγαθόν alleine (76d, 77a).

[50] Diese Analogie besteht in drei Punkten:
(a) Wie die Sonne bewirkt, dass das, was gesehen werden kann, tatsächlich gesehen wird, so bewirkt das Gute, dass das, was erkannt werden kann, tatsächlich erkannt wird.
(b) Wie die Sonne bewirkt, dass das Sehvermögen tatsächlich sieht, so bewirkt das Gute, dass das Erkenntnisvermögen tatsächlich erkennt.
(c) Wie die Sonne dem, was gesehen werden kann bzw. tatsächlich gesehen wird, Werden, Wachstum und Nahrung verleiht, so verleiht das Gute, dem, was erkannt werden kann bzw. tatsächlich erkannt wird, Sein und Seiendheit (Wesen, οὐσία).

dort das Gute gesehen wird als ontologische Ursache all dessen, was (von der Seele) erkannt wird, indem es diesem Sein (τὸ εἶναι) und Seiendheit (Wesen, οὐσία) verleiht, selbst aber nicht Seiendheit ist, sondern über diese hinausgeht, so wie wohl schon ‚von frühester Seinsbetrachtung an‘ das Göttliche als die Ursache alles Seienden und als dessen Ursache über dieses hinausgehend (dieses transzendierend) gesehen wird[51] – zum anderen, weil im Sonnengleichnis die Sonne ausdrücklich als personifizierte Gottheit, und zugleich auch als Abkömmling bzw. Abbild des Guten (506e, 508b) eingeführt wird, womit das Gute als das (alleinige) Urbild des (personalen) Göttlichen das wahrhaft Göttliche sein muss, wobei dieses keine personale, anthropomorphe Gestalt haben kann, da dies Unvollkommenheit bedeuten würde.[52]

---

[51] So identifiziert (nach Aristoteles, Diels/Kranz 12 A 15, B 3) Anaximander das Apeiron als ‚jenseitiges‘ Seinsprinzip mit dem Göttlichen.

[52] Zu Platons (unsystematischer) Theologie, zu der zentral die „Identifikation" des wahrhaft Göttlichen mit dem Guten an sich gehört, siehe insbesondere: Verdenius (1952) und Bordt (2006); bei Bordt findet sich auch eine weite Berücksichtigung der bisherigen Forschung.

Terminologisches

Σ sei ein griechisches und S deutsches ein Syntagma.

Dann ist <Σ> eine Einfügung in griechischen Text. Eine Übersetzung S von Σ wird im Übersetzungstext mit <S> angegeben.

$\Sigma \sim S$ steht für Σ entspricht S.

A, B, C seien beliebige Aussagen. Dann steht

$\neg A$	für	nicht A
$A \wedge B$	"	A und B
$A \to B$	"	wenn A, dann B
$A \leftrightarrow B$	"	$(A \to B) \wedge (B \to A)$
$A, B \Rightarrow C$	"	A und B, also C ; aus A und B folgt C
$A \approx B$	"	A ist inhaltsgleich (mit) B.

Abkürzungen

AcI	steht für	accusativus/accusativi cum infinitivo
bzw.	"	beziehungsweise
d.h.	"	das heißt
insbes.	"	insbesondere
i.w.	"	im wesentlichen
m.E.	"	meines Erachtens
n.	"	note (Anmerkung)
p.	"	page (Seite)
sc.	"	scilicet
Var.	"	Variante
vgl.	"	vergleiche
z.B.	"	zum Beispiel

Literaturverzeichnis

Angeführt ist nur zitierte bzw. erwähnte Literatur.

Archer-Hind, R. D. (1894)
  The Phaedo of Plato.
  Edited with Introductions, Notes and Appendices
  London / New York 1894, reprint 1973

Bluck, R. S. (1955)
  Plato's Phaedo.
  A Translation of Plato's Phaedo with Introduction, Notes and Appendices
  London 1955

Bordt, Michael (2006)
  Platons Theologie
  Freiburg / München 2006

Brandwood, Leonard (1976)
  A Word Index to Plato
  Leeds 1976

Burnet, John (1911)
  Plato's Phaedo (Platonis Opera: Phaedo).
  Edited with Introduction and Notes by John Burnet
  Oxford 1911, reprint 1967

Diels, Hermann / Kranz, Walter (1951/52)
  Die Fragmente der Vorsokratiker
  Zürich / Hildesheim 1951/52, reprint 1985, 6. Auflage

Dirlmeier, Franz (1959)
  Platon: Phaidon, griechisch und deutsch
  München 1959

Ebert, Theodor (2004)
  Platon: Phaidon
  In: Platon Werke. Übersetzung und Kommentar. Bd. I 4: Phaidon.
  Göttingen 2004

Eigler, Günther (1974)
   Platon: Werke in acht Bänden, griechisch und deutsch,
   Bd. 3: Phaidon, Das Gastmahl, Kratylos
   Darmstadt 1974, reprint 1990

Guardini, Romano (1956)
   Der Tod des Sokrates
   Hamburg 1956, reprint 1969

Gallop, David (1975)
   Plato: Phaedo. Translated with Notes
   Oxford 1975

Hackforth, R. (1955)
   Plato's Phaedo.Translated with Introduction and Commentary
   Cambridge 1955

Kühnert, Raphael / Gerth, Bernhard (1904)
   Ausführliche Grammatik der griechischen Sprache. Zweiter Teil, zweiter Band
   Hannover / Leipzig 1904, reprint 1992

Loriaux, Robert (1969)
   Le Phédon de Platon, Commentaire et traduction, Vol. 1
   Namur 1969

Prauss, Gerold (1968)
   Ding und Eigenschaft bei Platon und Aristoteles
   In: Kant-Studien, Bd. 59 (1968), p.98-117

Robin, Léon (1967)
   Phédon (Texte établi)
   In: Eigler, Günther (1974)

Ross, W. D. (1955)
   Aristotelis fragmenta selecta
   Oxford 1955, reprint 1974

Rowe, C. J. (1993)
   Plato. Phaedo
   Cambridge 1993, reprint 2001

Rufener, Rudolf (1958)
  In: Platon, Meisterdialoge: Phaidon – Symposion – Phaidros.
  Eingeleitet von Olof Gigon, übertragen von Rudolf Rufener
  Zürich 1958

Schleiermacher, Friedrich (1826)
  Phaidon (Übersetzung, geringfügig dem heutigen Gebrauch angeglichen)
  In: Eigler, Günther (1974)

Verdenius, Willem Jacob (1952)
  Platons Gottesbegriff
  In: Entretiens sur L' Antiquité Classique, Tome I (1952): La Notion du Divin
  depuis Homère jusqu' à Platon, p.241-93
  Genève 1952

Verdenius, Willem Jacob (1958)
  Notes on Plato's Phaedo
  In: Mnemosyne, Series IV, Vol. XI (1958), p.193-243

Zehnpfennig, Barbara (1991)
  Platon: Phaidon
  Übersetzt und herausgegeben von Barbara Zehnpfennig.
  Hamburg 1991